참 쉬운

글쓰기 1

따라 쓰는 글쓰기

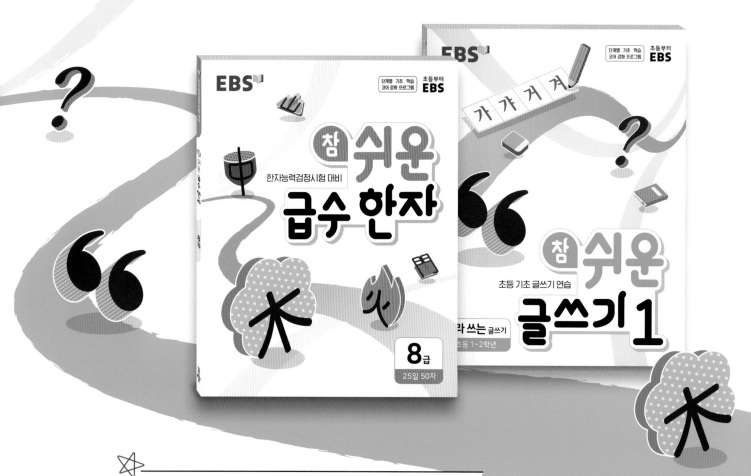

EBS와 함께하는 초등 학습

참 쉬운 글쓰기 급수 한자

참 쉬운 글쓰기

따라 쓰는 글쓰기
(1~2학년)

문법에 맞는 글쓰기
(3~6학년)

목적에 맞는 글쓰기
(3~6학년)

참 쉬운 급수 한자

8급

7급

7급 II

참 쉬운 글쓰기 1

따라 쓰는 글쓰기

이 책의 구성과 특징 structure

첫 받아쓰기 어떻게 해야 할까요?

책을 많이 읽은 학생에게도, 책을 잘 읽는 학생에게도 글쓰기는 새로운 도전입니다.

첫 단추를 잘 채워야 차근차근 실력을 늘릴 수 있습니다.

학습자가 지루하지 않게 글쓰기를 연습할 수 있도록 아기자기한 삽화를 넣어
학습에 집중할 수 있도록 하였습니다. 이 책은 초등학교 교과서의 구성에 맞춘 교과형
학습 교재로 초등학교 학업과 과제에 도움이 되도록 하였습니다.

핵심 콕콕 낱말을 바르게 쓰는 방법을 익혀요.

실력 쑥쑥 활동을 통해 쓰기 실력을 키워요.

문장 쑥쑥 완성된 문장을 바르게 써 보아요.

도전 실전문장, 받아쓰기 교재에 수록된 문장을 써 보고,
받아쓰기로 실력을 점검해요.

이 책의 차례
contents

부록 • 자음자 쓰기, 모음자 쓰기

자음자 쓰기

쓰는 순서와 모양을 생각하며 자음자를 쓰세요.

기역	ㄱ	ㄱ						
니은	ㄴ	ㄴ						
디귿	ㄷ	ㄷ						
리을	ㄹ	ㄹ						
미음	ㅁ	ㅁ						
비읍	ㅂ	ㅂ						
시옷	ㅅ	ㅅ						
이응	ㅇ	ㅇ						
지읒	ㅈ	ㅈ						
치읓	ㅊ	ㅊ						

키읔	ㅋ	ㅋ						
티읕	ㅌ	ㅌ						
피읖	ㅍ	ㅍ						
히읗	ㅎ	ㅎ						
쌍기역	ㄲ	ㄲ						
쌍디귿	ㄸ	ㄸ						
쌍비읍	ㅃ	ㅃ						
쌍시옷	ㅆ	ㅆ						
쌍지읒	ㅉ	ㅉ						

모음자 쓰기

쓰는 순서와 모양을 생각하며 모음자를 쓰세요.

아	ㅏ	ㅏ				
야	ㅑ	ㅑ				
어	ㅓ	ㅓ				
여	ㅕ	ㅕ				
오	ㅗ	ㅗ				
요	ㅛ	ㅛ				
우	ㅜ	ㅜ				
유	ㅠ	ㅠ				
으	ㅡ	ㅡ				
이	ㅣ	ㅣ				

애	애	애						
얘	얘	얘						
에	에	에						
예	예	예						
와	와	와						
왜	왜	왜						
외	외	외						
워	워	워						
웨	웨	웨						
위	위	위						
의	의	의						

#
1 낱말의 자음자

우리 주변에는 자음자의 모양을 닮은 것들이 많아요.

그림에서 자음자의 모양을 찾아 자음자가 들어가는 낱말을 떠올려 보세요.

그리고 낱말에 들어 있는 여러 가지 자음자를 따라 쓰면서 스스로 자음자 쓰는 방법을 익혀 볼까요?

다음 낱말을 소리 내어 읽고 바르게 따라 쓰세요.

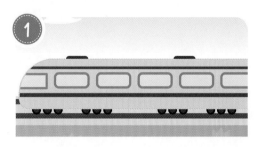

기차

[기차]

나비

[나비]

③

도 토 리

[도토리]

④

모 자

[모자]

⑤

바 구 니

[바구니]

⑥

시 계

[시계/시게]

⑦

자 전 거

[자전거]

⑧

카 메 라

[카메라]

⑨

풍 선

[풍선]

⑩

할 머 니

[할머니]

1. 다음 낱말들에 모두 들어 있는 자음자를 찾아 빈칸에 쓰세요.

1

가면   거울   친구

2

바나나   바지   컵

3

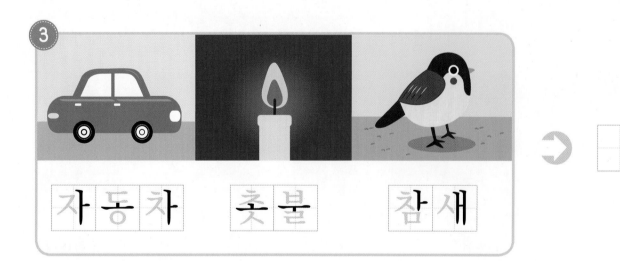

자동차   촛불   참새

2. [보기]의 자음자를 가지고 놀이터에서 볼 수 있는 사물의 이름을 완성하세요.

보기

ㄱ ㄴ ㄷ ㄹ ㅁ ㅅ ㅌ ㄲ

다음 문장을 읽고 따라 쓰세요.

① 봄바람이 솔솔 불어온다.

② 가을 하늘이 높고 파랗다.

③ 고양이가 살금살금 걷는다.

④ 목도리를 두르고 나가야지.

⑤ 밤송이에는 가시가 있어요.

⑥ 호수에 오리가 떠 있구나!

7

동전이 바닥에 떨어졌다.

8

밥 먹기 전에 손을 씻자.

9

흐르는 강물을 바라보았다.

10

탈을 쓰고 춤을 추었어요.

11

쥐가 사자의 꼬리를 물었다.

12

개미 떼를 본 적이 있나요?

다음 문장을 읽고 따라 쓰세요.

도서관에서는 다른 사람을 위해 조용히 해야 ∨ 합니다.

1-2
7단원

아빠는 플라스틱 통으로 달팽이 집을 만들어 ∨ 주셨어요.

1-1
7단원

여행 안내자가 작은 깃발을 들고 사람들을 이끌어요.

4주 완성 독해력
1단계

소방관이 되려면 희생 정신과 강한 체력이 필요한 것 같아요.

4주 완성 독해력
2단계

도전 받아쓰기

다음 낱말과 문장을 잘 듣고 받아쓰세요.

1.

2.

3.

4.

5.

6.

7.

② 낱말의 모음자

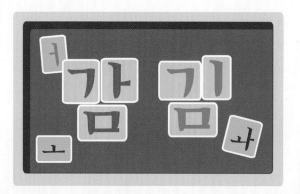

낱말은 자음자와 모음자로 이루어져 있어요.

하나의 낱말은 첫소리, 가운뎃소리, 끝소리(받침)로 나눌 수 있는데, 가운뎃소리

자리에는 언제나 모음자가 들어가요.

'감'과 '김'처럼 모음자 하나만 바뀌어도 뜻이 달라질 수 있으니 잘 구별해서 써야 해요.

다음 낱말을 소리 내어 읽고 바르게 따라 쓰세요.

아 기   [아기]

야 구   [야:구]

③
저 울 [저울]

④
연 못 [연몯]

⑤
모 래 [모래]

⑥
학 교 [학꾜]

⑦
우 주 [우ː주]

⑧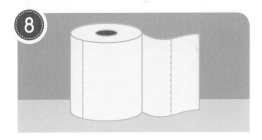
휴 지 [휴지]

⑨
그 릇 [그른]

⑩
피 리 [피리]

1. 다음 낱말에 들어갈 알맞은 모음자를 [보기]에서 찾아 쓰세요.

보기

ㅏ   ㅓ   ㅕ   ㅗ   ㅜ

①
불

②
볼

③
발

④
벌

⑤
별

2. [보기]의 모음자를 가지고 동물원에서 볼 수 있는 동물의 이름을 완성하세요.

보기

ㅏ ㅜ ㅣ ㅔ ㅕ ㅟ

① ㄱ □ 린

② 은 승 ㅇ □

③ ㅍ □ ㅇ 근

④ ㅎ □ ㅁ □

다음 문장을 읽고 따라 쓰세요.

① 아기가 아장아장 걷는다.

② 할머니께 세배를 드렸니?

③ 수박보다 사과를 좋아해요.

④ 여기서부터 힘내서 뛰어가자!

⑤ 언니가 의자에 앉아 있어요.

⑥ 두꺼비가 콩쥐를 도와주었다.

⑦ 수학 문제가 술술 풀렸다.

⑧ 줄넘기를 정말 잘하는구나!

⑨ 지우개로 지우고 쓰면 돼.

⑩ 옛날이야기를 듣고 싶어요.

⑪ 점심으로 카레를 먹었습니다.

⑫ 길이 미끄러우니 주의하세요.

실전문장

다음 문장을 읽고 따라 쓰세요.

1–2
7단원

	자	신	의		건	강	을		생	각	해
서		음	식	을		골	고	루		먹	었
으	면		좋	겠	습	니	다	.			

1–2
8단원

	가	위	의		날	은		매	끄	러	운	∨
것	이		많	지	만		홈	이		파	인	∨
것	도		있	습	니	다	.					

4주 완성 독해력
1단계

	할	머	니	께	서		요	즘		감	기	∨
때	문	에		고	생	하	신	다	고		들	
었	어	요	.									

4주 완성 독해력
2단계

	이	번		겨	울	이		오	기		전
에		독	감		예	방		주	사	도	
꼭		맞	으	시	고	요	.				

도전★ 받아쓰기

정답 131쪽

다음 낱말과 문장을 잘 듣고 받아쓰세요.

1

2

3

4

5

6

7

3 받침이 뒷말의 첫소리가 되는 말

 쓰기 읽기

국 어 [구거]

글자에서 아래쪽에 있는 자음을 받침이라고 해요.

그 받침 뒤에 모음이 오면, 받침에 있던 소리가 그대로 살아나요.

'ㄱ' 받침 뒤에 모음이 오면 'ㄱ'이 뒤로 넘어가서 소리 나요.

그렇지만 낱말을 쓸 때에는 받침을 원래 자리에 살려서 써야 해요.

소리 나는 대로 쓰면 낱말의 형태를 알 수 없어서 그 뜻을 이해하기 어렵기 때문이에요.

다음 낱말을 소리 내어 읽고 바르게 따라 쓰세요.

악 어 [아거]

어 린 이 [어리니]

③

믿 음   [미듬]

④

목 걸 이   [목꺼리]

⑤

음 악   [으막]

⑥

손 잡 이   [손자비]

⑦

웃 음   [우슴]

⑧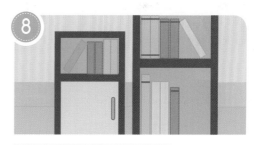

책 꽂 이   [책꼬지]

⑨

빛 을 비춰요.

[비츨]

⑩

잎 이 났어요.

[이피]

1. 다음 낱말의 발음을 참고하여 빈칸에 알맞은 낱말을 쓰세요.

① ⟳ ☐☐ 는 고향에서 알을 낳는다.

[여너]

② ⟳ 호랑이가 ☐☐ 를 찾아 어슬렁거린다.

[머기]

③ ⟳ 할아버지는 ☐☐☐☐ 로 태어나셨다.

[마다들]

④ ⟳ 밥알을 남기지 말고 ☐☐☐ 먹어라.

[깨끄시]

⑤ ⟳ ☐☐☐ 를 하며 소원을 빌었다.

[달마지]

2. 다음 밑줄 친 말을 맞춤법에 맞게 고쳐 쓰세요.

잔디밭에 **드러가지** 마세요.

밥을 많이 **머거서** 배가 부르다.

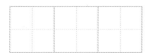

어제 늦게 잤기 **때무네** 피곤했다.

부어케서 맛있는 냄새가 난다.

고기를 **자브러** 바다에 가 볼까?

다음 문장을 읽고 따라 쓰세요.

① 오뚝이가 이리저리 움직인다.

② 누나와 함께 공놀이를 해요.

③ 봄에는 꽃이 활짝 피어나요.

④ 이곳은 밤에도 문을 열어요.

⑤ 비를 맞아서 신발이 젖었다.

⑥ 우산을 접어서 꽂아 주세요.

⑦
하늘에 뭉게구름이 있다.

⑧
모처럼 삼촌께 연락이 왔다.

⑨
날씨가 추우니 문을 닫아라.

⑩
필요한 것이 있으면 말하렴.

⑪
토요일에 놀이공원에 갔어요.

⑫
꽃밭에 앉아 봄볕을 쬐었다.

받침이 뒷말의 첫소리가 되는 말

다음 문장을 읽고 따라 쓰세요.

1-2
5단원

며	칠	이		지	나		새	알	은	
모	두		새	끼		새	가		되	었	습
니	다	.								

2-1
7단원

목	이		긴		기	린	을		한	참	∨
올	려	다	보	니		내		목	도		길
어	지	는		것		같	았	다	.		

4주 완성 독해력
2단계

양	송	이	버	섯	은		스	프	나	
볶	음		요	리	를		만	들		때
많	이		쓰	입	니	다	.			

4주 완성 독해력
1단계

하	늘	을		자	유	롭	게		날	아
다	니	는		너	는		정	말		훌	룡
한		비	행	사	구	나	.			

도전 받아쓰기

다음 낱말과 문장을 잘 듣고 받아쓰세요.

1

2

3

4

5

6

7

받침이 뒷말의 첫소리가 되는 말

④ 받침이 대표 소리로 나는 말

 쓰기

 읽기

창 밖 [창박]

받침이 'ㄱ, ㅋ, ㄲ'인 낱말은 받침이 모두 [ㄱ]으로 소리 나요.

또, 받침이 'ㄷ, ㅅ, ㅈ, ㅊ, ㅌ'인 낱말은 [ㄷ]으로, 'ㅂ, ㅍ'인 낱말은 [ㅂ]으로 소리 나요.

이때, [ㄱ], [ㄷ], [ㅂ]을 대표 소리라 하고, 이 말들은 원래 받침을 그대로 살려서 써요.

다음 낱말을 소리 내어 읽고 바르게 따라 쓰세요.

팥 죽   [팓쭉]

불 꽃   [불꼳]

③

부 억   [부억]

④

대 숲   [대숩]

⑤

젖 소   [젇쏘]

⑥

들 녘   [들:력]

⑦

꽃 씨   [꼳씨]

⑧

밭   [받]

⑨

돗 자 리   [돋짜리]

⑩

낚 시   [낙씨]

받침이 대표 소리로 나는 말

1. [보기]에서 글자를 골라 맞춤법에 맞게 낱말을 완성하세요.

보기

| 릅 | 릎 | 볕 | 볏 | 숫 | 숟 |

➡ 눈이 무☐☐까지 쌓였다.

➡ 내 방에는 햇☐☐이 잘 든다.

➡ ☐가락으로 국을 떠먹는다.

2. [보기]의 낱말 중 받침이 'ㄷ'으로 소리 나는 것을 찾아 빈칸에 쓰세요.

보기

| 낮 | 밭 | 독 | 숲 | 잣 | ➡ ☐ , ☐ , ☐ |

3. 밑줄 친 말을 맞춤법에 맞게 고쳐 쓰세요.

머리를 **깍고** 나니 기분이 상쾌했다.

손뚜껑을 여니 김이 피어오른다.

친구를 **돕고** 나니 기분이 좋다.

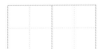

곧감이 아주 달다.

아이가 슬픈 표정을 **짇고** 있다.

받침이 대표 소리로 나는 말

다음 문장을 읽고 따라 쓰세요.

① 개가 멍멍 짖고 있다.

② 이 호수는 매우 깊다.

③ 나는 눈썹이 매우 짙다.

④ 새벽녘부터 비가 내린다.

⑤ 꽃밭에 꽃이 가득 피었다.

⑥ 숯불에 고기를 구워 먹었다.

7

피자가 먹고 싶다.

8

나는 그와 생일이 같다.

9

피아노에 덮개를 씌운다.

10

우리 몇 시에 만날까?

11

이 물건은 낱개로 판다.

12

연필을 깎고 필통에 넣었다.

다음 문장을 읽고 따라 쓰세요.

1-2
5단원

무엇이 무엇이 똑같은
가 윷가락 네 짝이 똑
같아요.

1-2
5단원

나무꾼이 숲에서 나무
를 하는데 노루 한 마
리가 달려왔습니다.

4주 완성 독해력
2단계

우리 엄마는 옛날에도 ∨
마음씨가 따뜻한 멋진
분이셨나 봐요.

4주 완성 독해력
2단계

북소리에 맞추어 피아
노와 콘트라베이스의 연
주가 시작되었다.

다음 낱말과 문장을 잘 듣고 받아쓰세요.

1

2

3

4

5

6

7

5 받침이 두 개인 말

콕콕!
핵심

 쓰기   읽기

 닭   [닥]

받침이 두 개의 자음으로 이루어진 낱말은 받침의 자음 중 하나로만 소리 나요.

하지만 이 낱말에 모음이 이어질 때에는 두 개의 자음이 모두 소리 나요.

'닭'은 [닥]으로 소리 나지만 '닭이'는 [달기]로, '닭을'은 [달글]로 소리 나요.

하지만 글로 쓸 때에는 두 개의 받침을 모두 써야 해요.

다음 낱말을 소리 내어 읽고 바르게 따라 쓰세요.

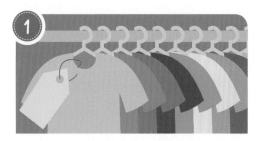

① 값   [갑]

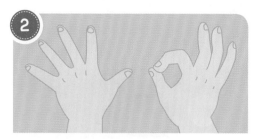

② 여덟   [여덜]

③

앉다 [안따]

④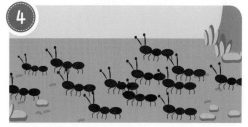

많다 [만ː타]

⑤

끊다 [끈타]

⑥

밝다 [박따]

⑦

삶다 [삼ː따]

⑧

핥다 [할따]

⑨

읊다 [읍따]

⑩

뚫다 [뚤타]

쑥쑥! 실력

1. 다음 낱말에 들어갈 알맞은 받침을 [보기]에서 찾아 쓰세요.

보기

ㅎ   ㄻ   ㄽ   ㅀ   ㅄ

구 다

구 다

다 다

다 다

이 다

이 다

2. 다음 밑줄 친 말을 맞춤법에 맞게 고쳐 쓰세요.

물을 **끌이고** 있어요.

찰흙으로 그릇을 만들어요.

가을 하늘이 참 **막다**.

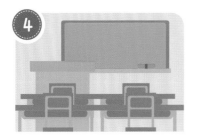

교실에 아무도 **업다**.

동생이 선을 **발다**.

다음 문장을 읽고 따라 쓰세요.

① 넓은 초원에 기린이 있다.

② 더워서 얇은 옷을 입었다.

③ 키가 커서 옷이 짧아졌다.

④ 젊은 사람들이 몰려들었다.

⑤ 집 없는 고양이가 가엾다.

⑥ 어제 넘어진 데는 괜찮니?

⑦

박쥐는 빛을 싫어한다.

⑧

거짓말을 하지 않기로 했다.

⑨

무릎을 꿇고 용서를 빌었다.

⑩

짐은 선반에 얹어 놓으세요.

⑪

늙은 호박으로 죽을 쑤어요.

⑫

할아버지 등을 긁어 드렸다.

다음 문장을 읽고 따라 쓰세요.

1-2
4단원

	많	은		사	람	에	게		맛	있	는	∨
음	식	을		만	들	어		주	고		싶	
습	니	다	.									

2-1
9단원

	자	신	의		생	각	도		중	요	하
지	만		다	른		사	람	의		생	각
이		옳	을		때	도		있	어	.	

4주 완성 독해력
1단계

	설	날	에	는		가	래	떡	을		얇
게		썰	어		떡	국	을		끓	여	
먹	습	니	다	.							

4주 완성 독해력
1단계

	민	이	는		도	서	관		가	는	
길	에		가	방	이		없	다	는		것
을		깨	닫	고		당	황	했	어	요	.

다음 낱말과 문장을 잘 듣고 받아쓰세요.

1

2

3

4

5

6

7

6 된소리가 나는 말

 쓰기    읽기

작 가 [작까]

한 낱말에서 받침 'ㄱ, ㄷ, ㅂ' 뒤에 오는 'ㄱ, ㄷ, ㅂ, ㅅ, ㅈ'은 [ㄲ, ㄸ, ㅃ, ㅆ, ㅉ]으로 소리 나요. 받침 'ㄴ, ㄹ, ㅁ, ㅇ' 뒤에 오는 'ㄱ, ㄷ, ㅂ, ㅅ, ㅈ'도 이와 같아요.
이때, [ㄲ, ㄸ, ㅃ, ㅆ, ㅉ]을 된소리라고 해요. 이렇게 된소리로 소리 나는 말도 글로 쓸 때에는 원래대로 써야 해요.

다음 낱말을 소리 내어 읽고 바르게 따라 쓰세요.

① 복 숭 아   [복쑹아]

② 옥 수 수   [옥쑤수]

③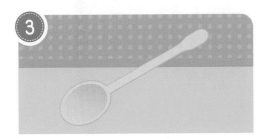

숟 가 락　　[숟까락]

④

돋 보 기　　[돋뽀기]

⑤

급 식　　[급씩]

⑥

밥 상　　[밥쌍]

⑦

눈 사 람　　[눈:싸람]

⑧

물 가　　[물까]

⑨

담 벼 락　　[담뼈락]

⑩

방 바 닥　　[방빠닥]

1. 다음 ( ) 안에서 바르게 쓴 낱말을 찾아 ○표를 하고 따라 쓰세요.

옷을 (**입꼬** / **입고**) 있어요.

그 말을 믿을 (**쑤** / **수**) 없어.

(**갑짜기** / **갑자기**) 비가 내린다.

다른 사람한테 (**절때로** / **절대로**) 말하지 마.

내일 다시 (**전화할께** / **전화할게**).

2. 다음 낱말을 맞춤법에 맞게 고쳐 쓰세요.

1 숨바꼭찔

2 땅따먹끼

3 딱찌치기

4 손쑤건 돌리기

다음 문장을 읽고 따라 쓰세요.

① 빨대로 우유를 마셨다.

② 손가락을 걸고 약속했다.

③ 목장에 늑대가 나타났대!

④ 신발을 신발장에 정리해라.

⑤ 큰 목소리로 말씀해 주세요.

⑥ 저는 과학자가 되고 싶어요.

공부한 날짜 월 일

7 바빠서 밥을 먹지 못했니?

8 꽃봉오리가 약간 벌어졌다.

9 공부를 열심히 할 거예요.

10 아기가 인형을 안고 자요.

11 골목길이 좁고 구불구불하다.

12 아빠가 엄마를 돕고 계세요.

실전문장

다음 문장을 읽고 따라 쓰세요.

2-1
8단원

결승점이 얼마 남지 않았는데 그만 신발이 벗겨지고 말았다.

2-1
7단원

욕심 많은 개가 집으로 가는 길에 떨어진 고깃덩이를 보았어요.

4주 완성 독해력
1단계

나는 빨강 치마에 색동저고리를 입고 팔짝팔짝 뛰었어요.

4주 완성 독해력
2단계

진희는 눈을 굴려 손바닥만 한 눈덩이 두 개를 만들어 붙였어요.

도전 받아쓰기

다음 낱말과 문장을 잘 듣고 받아 쓰세요.

1

2

3

4

5

6

7

7 닮은 소리가 나는 말

 쓰기   읽기

국 물 [궁물]

자음과 자음이 만났을 때 한쪽이나 양쪽 모두 비슷한 소리로 바뀌는 경우가 있어요. '국물'의 받침 'ㄱ'은 가까이 있는 'ㅁ'의 영향을 받아 [궁물]로 바뀌어 소리 나요. '신라[실라]', '칼날[칼랄]'처럼 'ㄴ'은 'ㄹ'의 앞이나 뒤에서 대부분 [ㄹ]로 바뀌어 소리 나요. 이렇게 닮은 소리로 바뀌어 소리 나는 말도 글로 쓸 때에는 원래대로 써야 해요.

다음 낱말을 소리 내어 읽고 바르게 따라 쓰세요.

① 공 룡   [공ː뇽]

② 음 료 수   [음ː뇨수]

③

난 로 [날:로]

④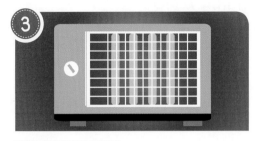

물 냉 면 [물랭면]

⑤

막 내 [망내]

⑥

앞 머 리 [암머리]

⑦

속 눈 썹 [송:눈썹]

⑧

식 물 [싱물]

⑨

줄 넘 기 [줄럼끼]

⑩

저 녁 노 을 [저녁노을]

1. 다음 ( ) 안에서 바르게 쓴 낱말을 찾아 ○표를 하고 따라 쓰세요.

노래를 (**듣는** / **든는**) 중이야.

(**영니한** / **영리한**) 여우가 꾀를 부려요.

전시회를 (**관람하고** / **괄람하고**) 왔어요.

(**실래** / **실내**)에서 뛰지 마세요.

쓰레기 (**분리수거** / **불리수거**)를 합니다.

129쪽

닮은 소리가 나는 말

2. [보기]의 낱말 중 두 자음이 만났을 때, 받침이 'ㅇ'으로 소리가 변하는 것을 찾아 빈칸에 쓰세요.

보기

| 국민 | 옛날 | 신라 | 박물관 | 음식물 | 물난리 |

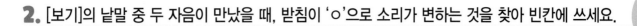

⤵ | | | , | | | | , | | | |

3. 다음 밑줄 친 낱말을 맞춤법에 맞게 고쳐 쓰세요.

 이곳은 일찍 문을 **단는다**.

⤵ | | | | |

 껌을 얼마나 **씹는** 중이니?

⤵ | | |

 고래는 **월래** 땅에 살던 동물이래.

⤵ | | |

 넌 참 아무거나 잘 **멍는구나**!

⤵ | | | | |

59

닮은 소리가 나는 말

다음 문장을 읽고 따라 쓰세요.

① 이튿날이 되었어요.

② 어! 내 실내화가 없네?

③ 아기가 소리 내어 웁니다.

④ 형이 겁먹은 얼굴로 말했다.

⑤ 저는 초등학교 2학년입니다.

⑥ 탐스러운 목련이 피었습니다.

7

고기를 굽는 냄새가 나요.

8

한라산에는 호수가 있어요.

9

약마다 먹는 방법이 달라요.

10

전복은 씹는 맛이 좋습니다.

11

표범이 얼룩말을 잡아먹는다.

12

버섯은 식물일까, 동물일까?

닮은 소리가 나는 말

다음 문장을 읽고 따라 쓰세요.

2-1
7단원

	민	속		박	물	관	에	서		옛	날	∨
집		안	의		모	습	을		보	았	습	
니	다	.										

2-1
7단원

	우	리		생	활	을		편	리	하	게	∨
만	들	어		줄		물	건	에	는		어	
떤		것	이		있	을	까	?				

4주 완성 독해력
1단계

	나	는		앞	날	개	와		뒷	날	개	
를		따	로		움	직	여	서		빠	르	
게		날		수		있	어	.				

4주 완성 독해력
1단계

	예	방	은		질	병	이	나		재	해	∨
따	위	가		일	어	나	기		전	에		
미	리		막	는		일	이	다	.			

정답 136쪽

다음 낱말과 문장을 잘 듣고 받아쓰세요.

1

2

3

4

5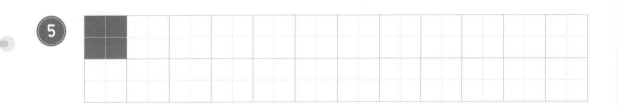

6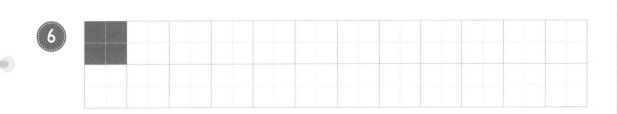

7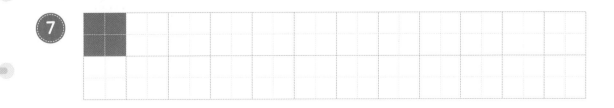

8 ㅈ, ㅊ으로 소리 나는 말

콕콕!
핵심

 쓰기   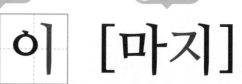 읽기

맏이 [마지]

받침으로 사용된 'ㄷ, ㅌ'이 'ㅣ' 모음 앞에서 [ㅈ, ㅊ]으로 소리 나는 경우가 있어요.

'맏이'는 [마디]가 아니라 [마지]로, '같이'는 [가티]가 아니라 [가치]로 소리 나요.

이것은 자연스럽고 편하게 발음하기 위해 일어나는 현상이에요.

이렇게 'ㄷ, ㅌ'이 'ㅣ'를 만나 'ㅈ, ㅊ'으로 바뀌어 소리 나더라도 글로 쓸 때에는 원래 대로 써야 해요.

다음 낱말을 소리 내어 읽고 바르게 따라 쓰세요.

해돋이   [해도지]

미닫이   [미:다지]

64
참 쉬운 글쓰기 1

③ 턱받이 [턱빠지]

④ 여닫이 [여:다지]

⑤ 같이 [가치]

⑥ 붙이다 [부치다]

⑦ 묻히다 [무치다]

⑧ 샅샅이 [산싸치]

⑨ 낱낱이 [난:나치]

⑩ 가을걷이

[가을거지]

1. 다음 ( ) 안에서 바르게 쓴 낱말을 찾아 ○표를 하고 따라 쓰세요.

편지에 우표를 (**붙이고** / **부치고**) 있어요.

(**벼치** / **볕이**) 따가워서 그늘로 가요.

눈송이(**같이** / **가치**) 하얗다.

넓은 (**밭이** / **바치**) 보인다.

힘들면 (**구지** / **굳이**) 하지 않아도 돼.

2. 다음 밑줄 친 말을 맞춤법에 맞게 고쳐 쓰세요.

①  **칼끄치** 날카롭다.

②  화분 **미치** 깨졌어요.

③  점토를 단단하게 **구치고** 있다.

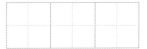

④  틀린 문제를 **난나치** 살펴보자.

⑤  **미다지창**을 한번 열어 보세요.

다음 문장을 읽고 따라 쓰세요.

1

방 안을 샅샅이 뒤졌다.

2

우리 같이 공놀이할래?

3

누나는 손끝이 야무지다.

4

나는 형보다 세 살 밑이다.

5

머리끝이 다 쭈뼛쭈뼛해졌다.

6

들판에 가을걷이가 한창이다.

⑦

나와 친구는 모두 맏이이다.

⑧

이모는 뒤끝이 있는 편이다.

⑨

여기가 할머니의 밭인가요?

⑩

사실을 곧이곧대로 말했다.

⑪

도화지를 테이프로 붙이세요.

⑫

새 옷에 고추장을 묻히다니!

다음 문장을 읽고 따라 쓰세요.

1-2
7단원

친구의 설명을 듣고 무엇을 말하는지 알아맞힌다.

2-2
1단원

할아버지도 잊어버리지 ∨ 않으려고 똑같이 따라 했어요.

4주 완성 독해력
2단계

여기 있네! 가시같이 ∨ 작은 걸 뺄 땐 족집게 가 최고지.

4주 완성 독해력
1단계

가을 들판에서 가을걷 이를 끝낸 기쁨에 풍물 놀이가 펼쳐져요.

정답 137쪽

다음 낱말과 문장을 잘 듣고 받아쓰세요.

1

2

3

4

5

6

7

ㅈ, ㅊ으로 소리 나는 말

9 ㅋ, ㅌ, ㅍ, ㅊ으로 소리 나는 말

 쓰기

 읽기

 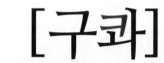

| 국 | 화 | [구콰] |

'국화'에서 첫 글자의 받침으로 사용된 'ㄱ'과 다음 글자의 'ㅎ'이 합쳐져 [ㅋ]으로 소리 나요. 보통 'ㄱ, ㄷ, ㅂ, ㅈ'이 'ㅎ'을 만나면 [ㅋ, ㅌ, ㅍ, ㅊ]처럼 하나의 자음으로 줄어 소리 나요. 'ㅎ'은 'ㄱ, ㄷ, ㅂ, ㅈ'의 앞에 있건 뒤에 있건 상관없어요. 이때, [ㅋ, ㅌ, ㅍ, ㅊ]을 거센소리라 하고, 소리 나는 것과 달리 글로 쓸 때에는 원래대로 써야 해요.

다음 낱말을 소리 내어 읽고 바르게 따라 쓰세요.

| 녹 | 화 | [노콰]

| 북 | 한 | 산 | [부칸산]

공부한 날짜 ○월 ○일

③

음 악 회　[으마쾨/
으마퀘]

④

역 할　[여칼]

⑤

맏 형　[마텽]

⑥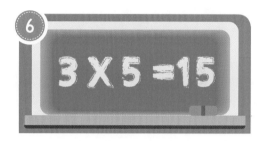

3 X 5 = 15

곱 하 기　[고파기]

⑦

입 학　[이팍]

⑧

삽 화　[사퐈]

⑨

꽂 히 다　[꼬치다]

⑩

맺 히 다　[매치다]

73

ㅋ, ㅌ, ㅍ, ㅊ으로 소리 나는 말

1. 다음 문장의 빈칸에 들어갈 알맞은 말을 [보기]에서 골라 쓰세요.

보기

갇힌	복짜파다	조쿠나	넣다가
가친	복잡하다	좋구나	너타가

경치가 참 ☐☐☐☐ !

반찬을 입에 ☐☐☐ 흘렸다.

새장에 ☐☐ 새를 보았다.

시장이 사람들로 ☐☐☐☐☐ .

2. 다음 밑줄 친 말을 맞춤법에 맞게 고쳐 쓰세요.

①
하늘이 높고 **파라타**.

②
나는 엄마가 참 **조타**.

③
무거운 짐을 **내려노타**.

④
차칸 어린이 상을 받았다.

⑤
배가 **볼로카게** 튀어나왔다.

다음 문장을 읽고 따라 쓰세요.

①

백화점에서 선물을 샀다.

②

마음을 합해 하나가 되었다.

③

이 내용은 꼭 익혀 둬야지.

④

산이 온통 빨갛게 물들었어!

⑤

아빠 손은 커다랗고 따뜻해.

⑥

차분하게 대답해 주십시오.

⑦
동생에게 옷 좀 입혀 줘.

⑧
눈가에 눈물이 맺혔어요.

⑨
나와 비슷한 경험이 있니?

⑩
속이 답답하고 더부룩하다.

⑪
준비물을 집에 놓고 왔어요.

⑫
모래성을 쌓다가 무너뜨렸다.

ㅋ, ㅌ, ㅍ, ㅊ으로 소리 나는 말

다음 문장을 읽고 따라 쓰세요.

1-2
4단원

내	가		만	든		요	리	를		먹
고		많	은		사	람	이		행	복해
졌	으	면		좋	겠	습	니	다	.	

2-2
2단원

	어	머	니		생	신		선	물	로
어	머	니		얼	굴		그	림	과	축
하		쪽	지	를		드	렸	어	.	

4주 완성 독해력
1단계

	급	한		일	을		당	했	을		때	∨
도	와	주	는		친	구	가		진	정	한	∨
친	구	란	다	.								

4주 완성 독해력
1단계

	떡	은		쌀	과		같	은		곡	식	∨
가	루	를		찌	거	나		삶	아	서		
익	힌		음	식	이	에	요	.				

다음 낱말과 문장을 잘 듣고 받아쓰세요.

1

2

3

4

5

6

7

ㅋ, ㅌ, ㅍ, ㅊ으로 소리 나는 말

10 ㄴ, ㄹ 소리가 덧나는 말

✏️ 쓰기   📢 읽기

연 잎 [연닙]

낱말 '연'과 '잎'이 만나 하나의 낱말을 이루면 뒷말에 'ㄴ'이 더해져 소리 나요.
이와 비슷하게 '알약[알략]'과 같이 'ㄹ'이 더해져 소리 나는 낱말도 있어요.
이렇게 'ㄴ, ㄹ'이 덧나서 소리 나는 말도 글로 쓸 때에는 원래대로 써야 해요.

다음 낱말을 소리 내어 읽고 바르게 따라 쓰세요.

① 솜이불 [솜ː니불]

② 단풍잎 [단풍닙]

③ 식 용 유 [시공뉴]

④ 담 요 [담:뇨]

⑤ 솔 잎 [솔립]

⑥ 색 연 필 [생년필]

⑦ 휘 발 유 [휘발류]

⑧ 물 약 [물략]

⑨ 그 림 엽 서 [그:림녑써]

⑩ 서 울 역 [서울력]

81

ㄴ, ㄹ 소리가 덧나는 말

1. 다음 낱말의 발음을 참고하여 빈칸에 알맞은 낱말을 쓰세요.

⮕ ☐☐☐☐☐ 이 얼마예요?

[공공뇨금]

⮕ 이달에는 ☐☐☐☐ 이 있어요.

[지반닐]

⮕ 때마침 ☐☐☐☐ 가 도착했다.

[지캥녈차]

⮕ ☐☐☐☐ 과일은 먹지 말아라.

[설리근]

⮕ ☐☐☐ 에 걸려서 배가 아파요.

[장:념]

정답 129쪽

2. 밑줄 친 말을 맞춤법에 맞게 고쳐 쓰세요.

봄바람에 **꼳닙**이 휘날린다.

한녀름 더위가 한창이다.

가을 **은행닙**이 참 아름답다.

겨울에 **솜니불**을 덮고 잔다.

수항녀행은 어디로 가고 싶니?

ㄴ, ㄹ 소리가 덧나는 말

다음 문장을 읽고 따라 쓰세요.

① 콩엿이 쫀득하니 맛있다.

② 영업용 택시가 도착했다.

③ 늦여름에 잠자리가 보였다.

④ 엄마를 도와 집안일을 했다.

⑤ 오늘 먹은 엿은 정말 달다.

⑥ 그 일이 남 일 같지 않다.

⑦

굳은일을　도맡아　한다.

⑧

두통약　좀　가져다줄래?

⑨

호박잎을　쪄서　먹었다.

⑩

나는　중국요리를　좋아한다.

⑪

아버지는　논일을　나가셨다.

⑫

알약과　물약을　처방받았다.

ㄴ, ㄹ 소리가 덧나는 말

다음 문장을 읽고 따라 쓰세요.

1-2
8단원

	솔	잎	을		깔	고		떡	을		찌
기		때	문	에		송	편	이	라	고	
합	니	다	.								

2-1
3단원

	어	떤		일	이		정	말		재	밌
어		보	여	서		막		해		보	고	∨
싶	었	던		적		있	니	?			

2-2
2단원

	나	는		어	제		가	게		옆
골	목	길	에	서		고	양	이	를		본	∨
일	이		인	상		깊	었	어	.		

4주 완성 독해력
2단계

	안	녕	?		청	개	구	리	야	?	
몸		색	깔	이		풀	잎	처	럼		아
주		예	쁘	구	나	.					

다음 낱말과 문장을 잘 듣고 받아쓰세요.

1

2

3

4

5

6

7

11 사이시옷을 붙여 쓰는 말

쓰기   읽기

촛불   [초뿔/
        촏뿔]

'초'와 '불'이 만나 하나의 낱말을 이루면 '불'의 [ㅂ]이 [ㅃ]으로 소리 나요.

또, '시내'와 '물'이 만나 하나의 낱말을 이루면 'ㄴ'이 더해져서 [시ː낸물]로 소리 나요.

이때에는 앞말의 받침에 사이시옷을 붙여 '촛불', '시냇물'이라고 써요.

이렇게 앞말과 뒷말 사이의 발음에 따라 낱말의 표기가 달라지기도 해요.

다음 낱말을 소리 내어 읽고 바르게 따라 쓰세요.

냇가

[내ː까/낻ː까]

바닷가

[바다까/
바닫까]

③

햇 살

[해쌀/핻쌀]

④

고 깃 배

[고기빼/
고긷빼]

⑤

이 삿 짐

[이사찜/
이삳찜]

⑥

장 맛 비

[장마삐/
장맏삐]

⑦

방 앗 간

[방안깐/
방아깐]

⑧

핏 줄

[피쭐/핃쭐]

⑨

주 삿 바 늘

[주ː사빠늘/주ː삳빠늘]

⑩

비 눗 방 울

[비누빵울/비눋빵울]

1. 다음 ( ) 안에서 바르게 쓴 낱말을 찾아 ○표를 하고 따라 쓰세요.

(**시계바늘 / 시곗바늘**)이 시간을 알려요.

평양식 (**만둣국 / 만두국**)이 별미네요.

동생이 (**놀잇감 / 놀이감**)을 가지고 놀아요.

할아버지의 (**코수염 / 콧수염**)이 멋있어요.

풍선이 (**나뭇가지 / 나무가지**)에 걸렸어요.

2. 다음 밑줄 친 말을 맞춤법에 맞게 고쳐 쓰세요.

단추꾸멍에 실을 꿰어요.

등교낄에 친구를 만났다.

아이들이 **귀쏨말**을 주고받았다.

흰 셔츠에 **김치꾹**이 묻었다.

새가 힘차게 **날개찓**을 해요.

다음 문장을 읽고 따라 쓰세요.

① 국숫집에 줄을 서 있다.

② 아랫집에 할머니가 사신다.

③ 창문에 빗방울이 맺혀 있다.

④ 정말 아름다운 노랫말이야.

⑤ 주말에 뒷산에 올라갈래?

⑥ 형이 혼잣말로 중얼거렸다.

7

시냇물이 졸졸 흐른다.

8

개가 콧구멍을 벌름거렸다.

9

하굣길에 떡볶이를 먹었다.

10

우리 윗집은 정말 조용하다.

11

지난주에 외갓집에 다녀왔다.

12

엄마가 콧노래를 흥얼거렸다.

다음 문장을 읽고 따라 쓰세요.

2-1
2단원

	육	교	처	럼		찻	길		위	로
다	닐		수		있	는		길	을		만
들	어		주	자	.					

2-2
9단원

	평	화	로	운		시	골	집		곳	간
에		쥐		가	족	이		북	적	거	리
며		살	고		있	었	습	니	다	.	

4주 완성 독해력
1단계

	무	지	개	떡	은		백	설	기	보	다	∨
화	려	하	여		잔	칫	상	에		주	로	∨
쓰	이	는		떡	입	니	다	.			

4주 완성 독해력
2단계

	물	놀	이	를		할		때	에	는	
너	무		오	랫	동	안		물	속	에	
있	지		않	도	록		합	니	다	.	

다음 낱말과 문장을 잘 듣고 받아쓰세요.

①

②

③

④

⑤

⑥

⑦

사이시옷을 붙여 쓰는 말

12 뜻을 구별해서 써야 하는 말

부치다 (○)

붙이다 (×)

우편물, 돈, 짐 같은 것을 다른 사람에게 보낼 때에는 '부치다'라고 하고,

어떤 것들끼리 맞닿아 떨어지지 않게 할 때에는 '붙이다'라고 해요.

이렇게 소리는 같지만 뜻이 다른 낱말은 쓰임에 맞게 잘 구별해서 써야 해요.

다음 낱말을 소리 내어 읽고 바르게 따라 쓰세요.

빛 [빋]

빗 [빋]

다 치 다

[다치다]

닫 히 다

[다치다]

걸 음

[거름]

거 름

[거름]

묵 다

[묵따]

묶 다

[묵따]

느 리 다

[느리다]

늘 이 다

[느리다]

1. 다음 (　) 안에서 바르게 쓴 낱말을 찾아 ○표를 하고 따라 쓰세요.

저녁밥을 (**짓다** / **짖다**).

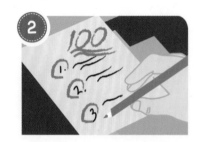

문제를 다 (**마치다** / **맞히다**).

책을 (**반듯이** / **반드시**) 꽂다.

구멍 난 양말을 (**깁다** / **깊다**).

뜨거운 감자를 (**식히다** / **시키다**).

2. 다음 밑줄 친 말을 맞춤법에 맞게 고쳐 쓰세요.

약속은 **반듯이** 지켜야 해.

친구네 집에 **같다** 올게요.

아이가 강아지와 **가치** 뛰놉니다.

학교를 **맞히고** 집에 가는 길이다.

엄마가 구겨진 옷을 **달이고** 계시다.

다음 문장을 읽고 따라 쓰세요.

1

낮이 많이 길어졌다.

2

낫 놓고 기역 자도 모른다.

3

개는 냄새를 잘 맡는다.

4

운동화가 발에 꼭 맞는다.

5

아주머니들이 잔치를 벌였다.

6

봉지를 휴지통에 버렸다.

⑦

안경 좀 갖다주겠니?

⑧

우리 가족은 취미가 같다.

⑨

간식은 이따가 먹을게요.

⑩

옆에 있다가 없으니 허전해.

⑪

뜨거운 국을 식혀 먹었다.

⑫

피자를 시켜 먹기로 했다.

다음 문장을 읽고 따라 쓰세요.

친구들은 의자에 반듯이 앉아 책 읽는 것을 ∨ 잘 듣고 있었다.

2-1
5단원

동아줄이 내려오자 오누이는 다치지 않고 하늘로 올라갔어요.

2-1
5단원

우리가 오늘 가는 현장 체험 학습 장소는 저 산 너머에 있다.

2-2
2단원

검은색 막대기에 흰색 ∨ 동그라미를 붙여 요술 막대기를 만든다.

2-2
1단원

다음 문장을 잘 듣고 받아쓰세요.

①

②

③

④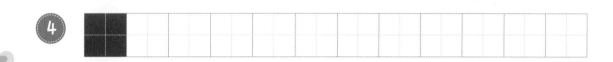

⑤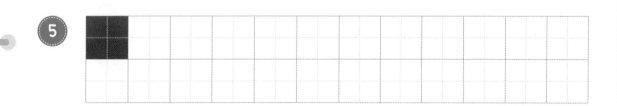

⑥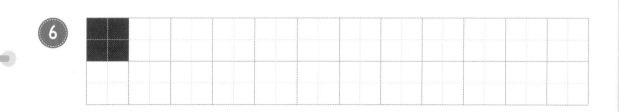

⑦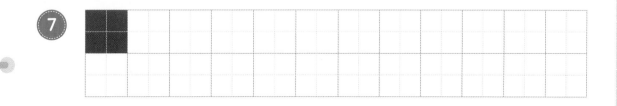

13 잘못 쓰기 쉬운 말

찌 개 (○)
찌 게 (×)

소리가 비슷해서 글을 쓸 때 헷갈리는 낱말이 있어요.

'ㅐ'와 'ㅔ'는 소리가 비슷해서 틀리기 쉬운 모음이에요.

'ㅖ', 'ㅘ', 'ㅝ', 'ㅢ' 등이 들어 있는 낱말과 'ㅎ' 받침이 들어 있는 낱말 역시 틀리기

쉬워요. 이렇게 소리가 비슷한 낱말은 원래 모양을 생각하며 주의해서 써야 해요.

다음 낱말을 소리 내어 읽고 바르게 따라 쓰세요.

돌 멩 이   [돌ː멩이]

냄 새   [냄ː새]

③

베 개

[베개]

④

화 가

[화:가]

⑤

공 원

[공원]

⑥

태 권 도

[태꿘도]

⑦

세 계

[세:계/세:게]

⑧

계 획

[계:획/게:휔]

⑨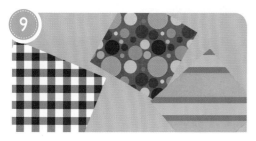

무 늬

[무니]

⑩

의 자

[의자]

1. 잘못 쓰인 모음자가 들어 있는 다음 낱말들을 바르게 고쳐 쓰세요.

①

시계　　　　　김치찌게　　　　　냄세

　　　　　,　　　　　　　,

②

그내　　　　　배개　　　　　자새

　　　　　,　　　　　,

③

가수원　　　　　자석　　　　　하살표

　　　　　,　　　　　,

2. 다음 밑줄 친 말을 맞춤법에 맞게 고쳐 쓰세요.

으자를 조용히 옮겨요.

이 글자는 **띠어** 써야 해.

어떤 옷이 더 **낳아** 보여?

풀밭에서 **딩굴며** 놀았어요.

나한테 빌려 간 책 **돌려조**.

다음 문장을 읽고 따라 쓰세요.

① 내일모레부터 방학이다.

② 쓰레기를 버리지 마세요.

③ 친구와 공원을 산책해요.

④ 가족끼리도 예의를 지켜요.

⑤ 이건 아주 오래된 물건이다.

⑥ 네가 좋아하는 계절은 뭐니?

⑦

영화관 좌석이 가득 찼다.

⑧

나는 음악에 관심이 있다.

⑨

그건 나와 상관없는 일이다.

⑩

가을 단풍은 정말 아름다워.

⑪

내가 던지는 공을 받아 줘.

⑫

병이 얼른 나았으면 좋겠다.

잘못 쓰기 쉬운 말

다음 문장을 읽고 따라 쓰세요.

2-1
1단원

나는 주무시는 할머니께 베개를 받쳐 드린 일이 생각나.

2-1
11단원

자라는 용왕님의 병을 ∨
낫게 하려고 토끼의 간을 구하러 갔다.

2-2
2단원

도서관에는 동화책, 그림책, 위인전 등 책이 매우 많았습니다.

1-2
3단원

된장찌개를 맛있게 먹으며 가족과 함께 저녁 ∨
식사를 했습니다.

정답 142쪽

다음 낱말과 문장을 잘 듣고 받아쓰세요.

①

②

③

④

⑤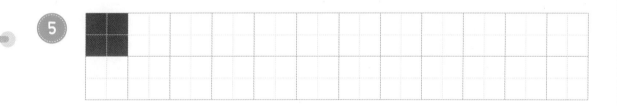

⑥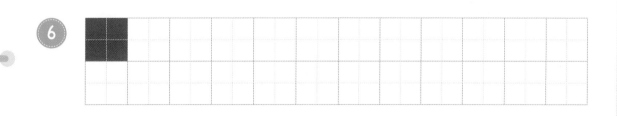

⑦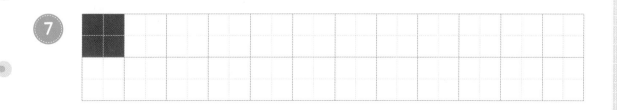

 문장 부호

 핵심 콕콕!

"지수야, 머리띠 정말 예쁘다!"

"정말? 고마워."

, (쉼표), . (마침표), ? (물음표), ! (느낌표), ' ' (작은따옴표), " " (큰따옴표) 등과 같은 문장 부호는 문장의 뜻을 이해하는 데 도움을 줘요.
다양한 문장 부호의 쓰임을 알고 문장을 쓰면 그 내용을 쉽게 전달할 수 있어요.

1. 다음 문장 부호의 이름을 따라 쓰세요.

①

쉼 표   [쉼:표]

②

마 침 표   [마침표]

③

물 음 표   [무름표]

④

느 낌 표   [느낌표]

⑤

작 은 따 옴 표

[자근따옴표]

⑥

큰 따 옴 표

[큰따옴표]

2. 다음 문장 부호를 바르게 따라 쓰세요.

①  " 여러분 , 오늘 이야기 재미있었나요 ? "

② " 네 ! "

1. [보기]에서 다음 문장 부호의 이름을 찾아 쓰고 그에 알맞은 설명을 선으로 이으세요.

보기

| 쉼표 | 마침표 | 물음표 | 느낌표 | 작은따옴표 | 큰따옴표 |

1. **.**
( )

ㄱ 궁금한 것을 물어볼 때 쓴다.

2. **,**
( )

ㄴ 강한 느낌을 나타낼 때 쓴다.

3. **!**
( )

ㄷ 문장의 마침을 나타낼 때 쓴다.

4. **?**
( )

ㄹ 낱말이 연속해서 나올 때 또는 사람을 부르거나 대답할 때 쓴다.

5. **' '**
( )

ㅁ 직접 대화를 표시하거나 남의 말을 끌어 쓸 때 쓴다.

6. **" "**
( )

ㅂ 마음속으로 한 말을 적을 때 쓴다.

2. 다음 빈칸에 알맞은 따옴표를 넣으세요.

□ 도서관은 정말 조용하구나! □

□ 오늘 읽은 책 재미있었니? □

3. 다음 쪽지를 읽고 빈칸에 알맞은 문장 부호를 쓰세요.

예준아 □ 학교 잘 다녀왔니 □

손부터 깨끗이 씻었지 □ 식탁 위에 있는 과자 먹고 □ 껍데기는 쓰레

기통에 잘 버리렴 □ 우유는 냉장고에 있으니 컵에 따라 마시고 □

숙제하고 있어 □ 엄마 금방 시장 다녀올게 □

가
나
다
라

쓱쓱! 문장

다음 문장을 읽고 따라 쓰세요.

① 김치 종류는 정말 다양해요.

② 수호야, 네 옷 참 예쁘구나!

③ 그래? 칭찬해 줘서 고마워.

④ 참새, 까치, 비둘기가 있다.

⑤ "내 부탁 하나 들어줄래?"

⑥ "알았어, 어서 말해 봐."

⑦

"오늘 늦게 일어났니?"

⑧

"응, 어제 너무 늦게 잤어."

⑨

'오늘부터는 일찍 자야지.'

⑩

나는 소나무를 정말 좋아해!

⑪

제철 과일이 참 맛있구나!

⑫

무슨 과목을 가장 좋아하니?

다음 문장을 읽고 따라 쓰세요.

2-2
2단원

　"가은아, 도서관에 처
음 온 기분이 어떠니
? "

2-2
2단원

　"참 좋아요! 또 오
고 싶어요. 다음 일요
일에 다시 와요!"

4주 완성 독해력
1단계

소, 양, 염소, 사슴, 코
뿔소 등은 뿔이 있는
동물이에요.

4주 완성 독해력
2단계

은수야, 장갑을 끼면
손도 안 시리고 다치는 ∨
것을 막을 수 있어.

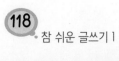

도전 받아쓰기

다음 문장을 잘 듣고 받아쓰세요.

①

②

* 느낌을 나타내는 문장

③

④

⑤

* 소리 내어 느낌을 나타내는 문장

⑥

* 마음속으로 느낌을 나타내는 문장

⑦

15 띄어쓰기

실 가는 데 바늘도 간다

글을 쓸 때 낱말과 낱말 사이는 띄어 써요.

낱말은 '실', '바늘', '가다'와 같이 뜻이 있고 홀로 쓸 수 있는 말이에요.

'도'와 같은 조사(다른 말에 붙어서 낱말 사이의 관계를 보여 주거나 특별한 뜻을 더해 주는 말)는 앞말에 붙여 쓰고, '데'와 같은 의존 명사(홀로 쓰이지 못하고 반드시 다른 말의 꾸밈이 필요한 말)는 앞말과 띄어 써요. 띄어쓰기를 잘 지켜 쓰면 글의 의미를 쉽게 알 수 있어요.

다음을 띄어쓰기에 유의하며 바르게 따라 쓰세요.

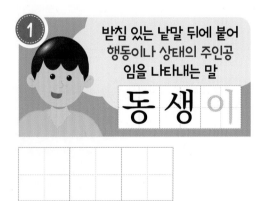

① 받침 있는 낱말 뒤에 붙어
행동이나 상태의 주인공
임을 나타내는 말

동 생 이

② 받침 없는 낱말 뒤에 붙어
행동이나 상태의 주인공
임을 나타내는 말

누 나 가

③ 받침 있는 낱말 뒤에 붙어
행동의 대상이나
장소를 나타내는 말

동 생 을

⑤ 받침 있는 낱말 뒤에
붙어 두 낱말을 같은
자격으로 이어 주는 말

동 생 과

⑦ 낱말 뒤에 붙어
어떤 사실을 말하고
이야기를 끝맺는 말

동 생 이 다

⑨ 문장에서 혼자 쓰일 수
없고 다른 말에 기대어
쓰이는 말

할   것

④ 받침 없는 낱말 뒤에 붙어
행동의 대상이나
장소를 나타내는 말

누 나 를

⑥ 받침 없는 낱말 뒤에
붙어 두 낱말을 같은
자격으로 이어 주는 말

누 나 와

⑧ 낱말 뒤에 붙어
어떤 사실을 말하고
이야기를 끝맺는 말

누 나 이 다

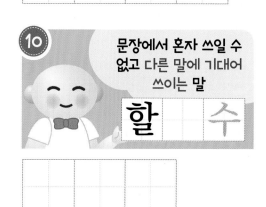

⑩ 문장에서 혼자 쓰일 수
없고 다른 말에 기대어
쓰이는 말

할   수

1. [보기]의 그림에 담긴 의미를 생각하며 바르게 띄어 쓰세요.

동수가방에있다.

①

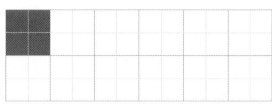

②

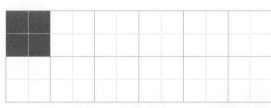

2. 다음 속담 중 띄어쓰기가 바르면 ○표를, 바르지 않으면 ×표를 하세요.

① 누워서 떡 먹기 ( )

② 등잔 밑 이 어둡다 ( )

③ 소잃고 외양간 고친다 ( )

④ 보기 좋은떡이 먹기도좋다 ( )

3. 다음 밑줄 친 말을 바르게 띄어 쓰세요.

지금 당장 **마실것이** 없다.

↪

이제 더 이상 **달릴수** 없다.

↪

코끼리를 **본지** 오래되었다.

↪

먹고 **싶은만큼** 가져다 먹어라.

↪

날이 더우니 **시원한데**로 가자.

↪

쓱쓱! 문장

다음 문장을 읽고 따라 쓰세요.

① 빈 수레가 요란하다.

② 개구리가 알을 낳았다.

③ 올해 초등학생이 되었다.

④ 배보다 배꼽이 더 크구나.

⑤ 내일 영화를 볼 것입니다.

⑥ 우리는 모두 착한 학생이다.

⑦

거북선이 바다에 나간다.

⑧

형과 누나가 춤을 추었다.

⑨

타조는 빨리 달릴 수 있다.

⑩

이 풀은 추운 데서 자라요.

⑪

나는 된장찌개를 좋아한다.

⑫

이제 남을 돕는 데 힘쓰자.

다음 문장을 읽고 따라 쓰세요.

우리 조상들은 아기의 ∨
첫 번째 생일에 돌잔치
를 했습니다.

1-2
1단원

돌잡이상 위에는 쌀,
떡, 책, 붓, 돈, 활, 실
등을 올려놓았습니다.

1-2
1단원

조용한 데서 책을 읽
으니 책이 더 잘 읽히
고 재미있었습니다.

2-2
2단원

사람들이 공원을 깨끗
하게 이용할 수 있도록 ∨
쓰레기를 모읍니다.

2-1
7단원

다음 문장을 잘 듣고 받아쓰세요.

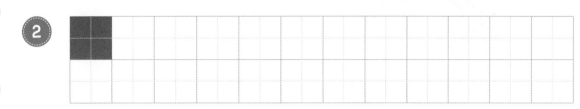

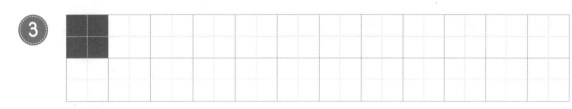

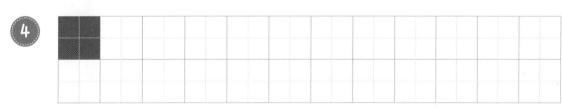

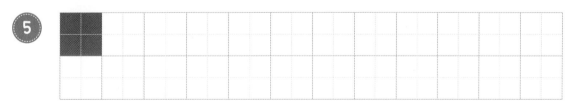

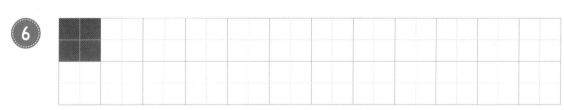

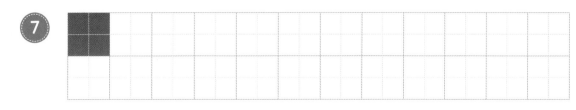

따라 쓰는 글쓰기

참 쉬운 글쓰기 1

정답

실력 쑥쑥! 정답

1 낱말의 자음자 본문 10~11쪽
1. ① ㄱ ② ㅂ ③ ㅊ
2. ① 시소 ② 그네 ③ 계단 ④ 미끄럼틀

2 낱말의 모음자 본문 18~19쪽
1. ① ㅜ ② ㅗ ③ ㅏ ④ ㅓ ⑤ ㅕ
2. ① ㅣ, ㅣ ② ㅝ, ㅜ, ㅣ ③ ㅔ, ㅟ ④ ㅏ, ㅑ

3 받침이 뒷말의 첫소리가 되는 말 본문 26~27쪽
1. ① 연어 ② 먹이 ③ 맏아들 ④ 깨끗이 ⑤ 달맞이
2. ① 들어가지 ② 먹어서 ③ 때문에 ④ 부엌에서 ⑤ 잡으러

4 받침이 대표 소리로 나는 말 본문 34~35쪽
1. ① 름 ② 볕 ③ 숟
2. 낮, 밭, 잣
3. ① 깎고 ② 솥뚜껑 ③ 돕고 ④ 곶감 ⑤ 짓고

5 받침이 두 개인 말 본문 42~43쪽
1. ① ㄺ ② ㄼ ③ ㄽ ④ ㅀ ⑤ ㄻ ⑥ ㅄ
2. ① 끓이고 ② 찰흙 ③ 맑다 ④ 없다 ⑤ 밟다

6 된소리가 나는 말 본문 50~51쪽
1. ① 입고 ② 수 ③ 갑자기 ④ 절대로 ⑤ 전화할게
2. ① 숨바꼭질 ② 땅따먹기 ③ 딱지치기 ④ 손수건 돌리기

7 닮은 소리가 나는 말 본문 58~59쪽
1. ① 듣는 ② 영리한 ③ 관람하고 ④ 실내 ⑤ 분리수거
2. 국민, 박물관, 음식물
3. ① 닫는다 ② 씹는 ③ 원래 ④ 먹는구나

8 ㅈ, ㅊ으로 소리 나는 말 본문 66~67쪽
1. ① 붙이고 ② 볕이 ③ 같이 ④ 밭이 ⑤ 굳이
2. ① 칼끝이 ② 밑이 ③ 굳히고 ④ 낱낱이 ⑤ 미닫이창

9 ㅋ, ㅌ, ㅍ, ㅊ으로 소리 나는 말 본문 74~75쪽
1. ① 좋구나 ② 넣다가 ③ 갇힌 ④ 복잡하다
2. ① 파랗다 ② 좋다 ③ 내려놓다 ④ 착한 ⑤ 볼록하게

10 ㄴ, ㄹ 소리가 덧나는 말 본문 82~83쪽
1. ① 공공요금 ② 집안일 ③ 직행열차 ④ 설익은 ⑤ 장염
2. ① 꽃잎 ② 한여름 ③ 은행잎 ④ 솜이불 ⑤ 수학여행

11 사이시옷을 붙여 쓰는 말 본문 90~91쪽
1. ① 시곗바늘 ② 만둣국 ③ 놀잇감 ④ 콧수염 ⑤ 나뭇가지
2. ① 단춧구멍 ② 등굣길 ③ 귓속말 ④ 김칫국 ⑤ 날갯짓

12 뜻을 구별해서 써야 하는 말 본문 98~99쪽
1. ① 짓다 ② 맞히다 ③ 반듯이 ④ 깁다 ⑤ 식히다
2. ① 반드시 ② 갔다 ③ 같이 ④ 마치고 ⑤ 다리고

13 잘못 쓰기 쉬운 말 본문 106~107쪽
1. ① 시계, 김치찌개, 냄새 ② 그네, 베개, 자세 ③ 과수원, 좌석, 화살표
2. ① 의자 ② 띄어 ③ 나아 ④ 뒹굴며 ⑤ 돌려줘

14 문장 부호 본문 114~115쪽
1. ① 마침표, ㉢ ② 쉼표, ㉣ ③ 느낌표, ㉡ ④ 물음표, ㉠ ⑤ 작은따옴표, ㉪ ⑥ 큰따옴표, ㉣
2. ① ' ' ② " "
3. . , ? , ? , . , . , . ,

15 띄어쓰기 본문 122~123쪽
1. ① 동수가∨방에∨있다. ② 동수∨가방에∨있다.
2. ① ○ ② × ③ × ④ ×
3. ① 마실∨것이 ② 달릴∨수 ③ 본∨지 ④ 싶은∨만큼 ⑤ 시원한∨데

정답 129

① 낱말의 자음자

① 두루미

② 저고리

③ 허수아비

④ 해바라기 그림을 그려요.

⑤ 노란 병아리를 보았어요.

⑥ 물고기는 지느러미가 있어요.

⑦ 친구의 눈을 보고 말합니다.

② 낱말의 모음자

① 참외

② 베개

③ 예절

④ 친구와 과자를 나눠 먹어요.

⑤ 세수를 하고 머리를 감았다.

⑥ 모두 어떻게 지내고 계세요?

⑦ 좌우를 살피며 길을 건너자.

③ 받침이 뒷말의 첫소리가 되는 말

1 목욕

2 울음

3 연필깎이

4 얼음이 녹아 물이 되었다.

5 집으로 돌아갈 시간입니다.

6 창밖에 눈이 내리고 있어요.

7 익은 벼가 고개를 숙여요.

④ 받침이 대표 소리로 나는 말

① 늦잠

② 무릎

③ 초록빛 바닷물

④ 누워서 침 뱉기

⑤ 땅 짚고 헤엄치기

⑥ 낚시를 하러 바다에 가요.

⑦ 큰 개가 멍멍 짖고 있어요.

⑤ 받침이 두 개인 말

① 넓다

② 낡다

③ 앓다

④ 잔디를 밟지 마세요.

⑤ 조용히 자리에 앉아요.

⑥ 붉은 노을이 아름다워요.

⑦ 등대가 어둠을 밝혀 줘요.

6 된소리가 나는 말

1 눈금

2 깍두기

3 떡볶이

4 배가 몹시 고프다.

5 장바구니에 밀가루를 담았다.

6 문화재에 낙서하지 마세요.

7 벼는 물속에 뿌리를 내린다.

⑦ 닮은 소리가 나는 말

① 정류장

② 손난로

③ 회전목마

④ 축구 경기가 끝났다.

⑤ 아이들이 만세를 부릅니다.

⑥ 성장을 돕는 운동을 합니다.

⑦ 중요한 내용을 적는 중이야.

⑧ ㅈ, ㅊ으로 소리 나는 말

1. 해돋이

2. 미닫이

3. 똑같이

4. 굳이 그럴 필요가 있니?

5. 스티커를 벽에 붙이지 마.

6. 물 묻힌 손으로 떡을 뗀다.

7. 햇볕이 쨍쨍 내리쬐고 있다.

본문 79쪽

9 ㅋ, ㅌ, ㅍ, ㅊ으로 소리 나는 말

1 간곡히

2 가족회의

3 그럼 그렇지.

4 주머니에 손을 넣다 뺐다.

5 목적을 위해 힘을 합하자.

6 시는 어떻게 쓰는 것일까?

7 친구들끼리 사이좋게 지내렴.

138
• 참 쉬운 글쓰기 1

⑩ ㄴ, ㄹ 소리가 덧나는 말

① 콩잎

② 물엿

③ 집안일

④ 올여름은 정말 덥구나.

⑤ 경주로 수학여행을 떠난다.

⑥ 삼촌은 올해 스물여섯이다.

⑦ 친구의 색연필을 떨어뜨렸다.

* '떨어트렸다'도 정답입니다.

⑪ 사이시옷을 붙여 쓰는 말

① 빗자루

② 공깃밥

③ 노랫소리

④ 촛불을 밝혀 주세요.

⑤ 방앗간에서 쌀가루를 빻아요.

⑥ 찻잔을 데우고 차를 따라요.

⑦ 커다란 바윗덩어리를 보았다.

⑫ 뜻을 구별해서 써야 하는 말

① 바다가 깊다.

② 학교를 마치다.

③ 걸음이 느리다.

④ 바람에 문이 닫히다.

⑤ 약속은 반드시 지켜야∨해.

⑥ 형이 시킨 심부름을 했다.

⑦ 비가 와서 우산을 받친다.

13 잘못 쓰기 쉬운 말

1. 사과

2. 화해

3. 나이테

4. 예의 바르게 인사해요.

5. 좋은 오빠가 될 거예요.

6. 친구와 사이좋게 지낼게요.

7. 해변에서 모래성을 쌓았다.

14 문장 부호

1 숲속을 걸어요.

2 지금 몇 시예요?

3 계곡물이 정말 시원하다!

4 연필, 자, 종이를 꺼내세요.

5 양치기 소년이 소리쳤어요.

6 "늑대다! 늑대가 나타났다!"

7 '흥! 또 속을 줄 알고?'

15 띄어쓰기

1. 우리 가족은 모두 셋이다.

2. 겨울이 가고 봄이 왔어요.

3. 눈이 내리는 것을 보았니?

4. 개나리와 진달래가 피었다.

5. 이제 수영을 할 수 있어요.

6. 가을에는 벼가 익을 거야.

7. 동생이 나에게 말을 걸었다.